LES VENDÉENS

CHEZ LE ROI

ET

LE BANQUET ROYALISTE DE SEGRÉ

Prix : 10 centimes

ANGERS

LIBRAIRIE HENRY BRIAND

62, RUE SAINT-LAUD, 62

LES VENDÉENS

A FROHSDORFF

Nous empruntons à l'*Union* cet intéressaut récit du voyage et du séjour de la députation vendéenne à Frohsdorff :

Les délégués vendéens représentant toutes les classes de la société avaient, depuis longtemps, prié M. de Baudry-d'Asson, leur député, de les accompagner à Frohsdorff pour les présenter à M. le comte de Chambord. Cette députation, chargée en même temps de porter au Roi et à la Reine les adresses du banquet de Challans, arrivait à Vienne le mardi 19, à cinq heures du matin.

A l'hôtel de l'Impératrice Élisabeth, nos amis trouvaient une lettre de M. le comte de Blacas, leur annonçant que le Roi se faisait une fête de les recevoir le jour même de leur arrivée, et que M. le comte René de Monti viendrait les prendre à neuf heures et demie du matin, pour les conduire à Frohsdorff.

Oubliant la fatigue d'un parcours ininterrompu de trente-six heures, les Vendéens se préparèrent á suivre à la résidence royale le jeune et sympathique secrétaire.

Son arrivée venait à propos adoucir les amertumes patriotiques de leur voyage à travers l'Allemagne.

Entendre parler français à quatre cents lieues du pays, rencontrer pour leur souhaiter la bienvenue un Breton, l'héritier d'un des noms les plus chers aux royalistes, c'était pour les Vendéens une bien grande joie.

La voie ferrée ne va pas jusqu'à Frohsdorff.

Quatre voitures de la maison du Roi attendaient les voyageurs à Neustadt.

Ils arrivaient vers trois heures après midi à la grille du b eau domaine où les révolutions ont exilé l'auguste Chef de la Mai son de France, et dans la sollitude duquel Henri V, les yeux sans cesse tournés vers la patrie, attend impatiemment l'heure bénie où Dieu lui permettera de relever la fortune et l'honneur de la nation très chrétienne.

C'est le comte de Blacas qui reçut la députation vendéenne.

Avec cette courtoisie qui fait de ce digne serviteur de l'exil l'un de nos gentilshommes les plus distingués et les plus aimés, il fit savoir aux délégués qu'ils étaient tous les hôtes du Roi, que Monseigneur daignait leur accorder audience, dans une heure, aussitôt qu'ils auraient pris possession des chambres qui leur étaient destinées sous le toit même du Roi.

Enfin, le moment depuis si longtemps désiré est arrivé ! M. de Baudry-d'Asson est introduit dans le cabinet particulier du Roi et présenté à Sa Majesté par M. le comte de Blacas. Une demi-heure après, la députation tout entière entre dans le salon de réception, où le député de la Vendée était allé la rejoindre. M. Pajot, e brave et fidèle Maréchin, porte déployée la bannière de soie blanche sur laquelle les dames vendéennes ont brodé l'écusson aux armes de France avec cette inscription en lettres d'or :

La Vendée au Roi !

A ses côtés, ses compagnons de voyage, comme lui pénétrés d'une inexprimable émotion, attendent immobiles, le regard fixé sur la porte à deux vantaux par laquelle va paraître le descendant de saint Louis, d'Henri IV et de Louis XIV. Il se passe un instant de silence solennel ; les visages pâlissent et chacun entend les battements de son cœur dans sa poitrine oppressée. La porte s'ouvre ; elle donne passage au comte de Blacas, qui s'efface aussitôt, et dit d'une voix ferme :

« Le Roi ! »

Tête nue, le regard lumineux, le visage bienveillant, M. le comte de Chambord s'avance vivement vers ses hôtes ; il prend la main de M. Pajot et dit :

« Ah ! mes amis, mes braves Vendéens, combien je suis heureux de vous voir ! Vous m'avez donné déjà bien des consolations à travers les tristesses des jours que nous traversons ; merci de votre fidélité, merci de votre dévouement et de votre affection ! Vous n'avez pas eu la patience d'attendre mon retour en France pour saluer le Roi ; je vous en exprime ici ma vive gratitude.

« J'apprécie les sacrifices *personnels* que s'est imposé *chacun de vous* pour venir de si loin, à l'étranger, m'apporter. dans l'exil, le témoignage de votre inaltérable fidélité à la Monarchie légitime. Courage et persévérance, mes amis, nos épreuves patriotiques touchent à leur terme. Croyez-moi et redites-le bien haut : les événements marchent vite ; nous approchons de l'heure du salut. Chaque instant accroît ma confiance dans le succès de la mission providentielle qui m'incombe, et je suis prêt, entendez-le bien, à remplir, quoiqu'il arrive, dans toute leur étendue, les devoirs sacrés que m'imposent ma naissance et les malheurs de ma patrie.

« Continuez, multipliez encore, dans toutes circonstances, les manifestations de votre foi royaliste. Suivez et secondez de toutes vos forces les initiatives et l'action de votre député, M. de Baudry-d'Asson.

« Non, la France ne périra pas, et, Dieu aidant, elle reprendra bientôt le cours glorieux de ses destinées traditionnelles ! »

Entraînés par l'ardeur des paroles du Roi de France, les Vendéens, dans un élan d'espérance patriotique, répondirent par l'acclamation : « Vive le Roi ! »

La députation remit alors au Roi l'adresse qu'elle avait, le 19 août, soumise aux sept mille convives du banquet de Challans. Le Roi s'en montra fort touché et chargea nos excellents amis de remercier, en son nom, tous ceux qui avaient, de leurs deniers, de leur travail et de leur présence, coopéré à cette splendide manifestation.

Il reçut ensuite, des mains de M. Pajot, la bannière vendéenne et la remit à M. le comte de Blacas, pour qu'elle fût placée dans la chapelle du château de Frohsdorff.

Passant de l'un à l'autre de ses visiteurs, le Roi eut pour chacun d'eux un mot des plus aimables.

Il félicita M. Dupleix, conseiller d'arrondissement de Beauvoir, de sa brillante conduite à la Légion d'Antibes, des nombreux services rendus par lui à la cause du Roi. Il n'a point oublié que le commandant Dupleix fut compris dans la première série des dignes officiers de l'armée territoriale, dont la République brisa naguère la vaillante épée.

A MM. Pajot et Babu, le Roi rappela le souvenir du rôle glorieux de leurs pères dans les levées d'armes de la Vendée. Il leur dit :

« Persévérez, mes amis, dans votre irréprochable conduite de tous les jours. »

Il loua M. Fradin de l'honneur qu'il eut, il y a vingt ans, de subir trente-neuf jours de prison préventive pour avoir distribué dans le Marais vendéen, des médailles à l'effigie du Roi.

Le Roi n'a point oublié non plus l'honneur que M. Fradin et M. Babu ont eu d'être, il y a trois ans, au premier rang, parmi les maires révoqués du banquet de Challans.

Par M. Gaborit, un vieillard de soixante-seize ans, dans l'âme duquel les années n'ont fait qu'aviver les généreuses ardeurs, il se fit redire le récit de la mort de La Rochejaquelein, dont le vétéran d'aujourd'hui avait été alors le jeune témoin au combat des Mathes.

Au fidèle Couthouis, le Roi dit : « Vous savez depuis longtemps mes sentiments pour vous. Je n'ai point besoin de vous dire que je compte plus que jamais sur votre bravoure et votre dévouement.

« Je sais, daigna-t-il dire à M. Armand de Baudry-d'Asson, fils du député de la Vendée, que vous vous destinez à l'armée. Je vous félicite. On y apprend encore à bien aimer la France et à servir noblement son pays !

« Plus heureux que ceux qui vous ont devancés, vous, mon jeune ami, vous n'aurez pas à endurer les amertumes dont ils ont été si cruellement et si injustement abreuvés. »

A M. Cailleton, auquel son père, âgé de 82 ans, avait dit : « Va porter mes hommages au Roi de France ; pendant ce temps, je tiendrai ta place au travail, » le Roi rappela avec émotion les souvenirs des fidèles de la Gaubretière et de Montfaucon, lui donna l'assurance de sa gratitude pour les innombrables services rendus à la Monarchie nationale par sa famille.

Pour M. Bossard, de Saint-Étienne-du-Bois, M. le comte de Chambord s'est montré aussi bienveillant que pour ses compagnons de voyage.

« Je sais, lui a-t-il dit, Monsieur, tous les services que vous avez rendus à la cause du Roi, et je vous en remercie sincèrement. »

Cette revue faite de chacun des membres de la députation, le Roi dit :

« Messieurs, je vous retiens tous à dîner et vous garde sous mon toit jusqu'à demain, au départ de votre train pour Vienne. »

Le soir, à la table du Roi, prenaient place avec lui : la Reine, LL. AA. RR. le comte et la comtesse de Bardi, une des dames d'honneur de la Reine, M. le comte de Blacas, M. le comte René de Monti et les heureux hôtes de la maison royale.

Dérogeant, pour cette fois, aux traditions du cérémonial, le Roi conduisit la Reine au milieu de la table, en face de la place qu'il allait occuper lui-même de l'autre côté. A sa droite, il appela M Pajot, et à sa gauche M. Dupleix. Venaient ensuite, à la droite de Mme la comtesse de Bardi, M. de Baudry-d'Asson ; à la droite du comte de Bardi, M. Fradin, et les autres convives furent placés par rang d'âge.

Pendant tout le repas, le Roi tint la conversation sur la Vendée, sur son agriculture, sur son industrie hippique, sur ses produits et sur ses intérêts de toute sorte.

— Monseigneur, nous ont dit à leur retour les Vendéens, connaît aussi bien notre pays que nous-mêmes.

A la fin du dîner, le Roi se leva, et, la coupe à la main : « Aux Vendéens ! » dit-il.

Tous répondirent : « Les Vendéens reconnaissants boivent au Roi de France et à la Reine de France ! »

Au salon, les hôtes du Roi furent de nouveau présentés à la Reine. C'est alors que M. Armand de Baudry-d'Asson fils offrit à Madame, au nom des Vendéennes, l'adresse signée au banquet de Challans. Madame fut très touchée de ce témoignage de fidélité de la part des femmes vendéennes, et elle chargea celui qui avait été désigné par la députation pour lui offrir l'adresse de porter aux Vendéennes organisatrices du banquet de Challans ses plus sincères remerciements. Un mot gracieux fut dit tout particulièrement à l'adresse de la comtesse de La Rochefoucauld-Bayers, qui, on se le rappelle, avait bien voulu présider la table des dames et donner la lecture de l'adresse à la Reine.

On a dit souvent : « Ah ! si la France connaissait le Roi ! »

Nos amis disent depuis cette inoubliable soirée :

« Quel malheur que la France ne connaisse pas la Reine ! »

Sa bonté, sa douceur, son amabilité laissent à tous ceux qui ont le bonheur de l'approcher une sorte d'enthousiasme mêlé d'attendrissement.

Après le Roi, qui venait de recevoir de M. Babu le petit drapeau blanc que chacun portait à sa boutonnière au banquet de Challans, Madame daigna accepter avec une bienveillance sans égale de M. Fradin, les photographies de ses filles, de sa femme, et promit de les conserver précieusement.

À chacun, la Reine fit don de sa photographie signée de sa main : *Marie-Thérèse*.

C'est avec la plus vive émotion que nos amis prirent congé de la Reine lorsqu'elle regagna ses appartements. Ils croyaient, hélas ! ne plus revoir, avant leur départ, l'aimable et sainte Souveraine.

Quelle ne fut pas leur joie, quand le lendemain matin, à sept heures, dans la chapelle du château, ils la virent dans la tribune royale s'agenouiller auprès de son auguste Époux !

Madame avait voulu prier pour la France avec les Vendéens.

Par ordre du Roi et en souvenir des zouaves de Charette, M. Couthouis, debout au pied de l'autel, tenait la bannière de la Vendée.

Seules, les pieuses veillées d'armes, passés sous les voûtes gothiques par les preux du moyen âge, pourraient donner une idée de la solennité de cette messe célébrée pour la France, sur la terre étrangère, en présence du Roi, de la Reine, d'un prince et d'une princesse de la famille, des amis fidèles de l'exil, des serviteurs de la maison, et de ces vaillants Vendéens, en costume du pays, groupés autour de la bannière blanche fleurdelisée.

L'émotion était au comble ; jamais il ne fut si vrai de dire : « Tous versaient dans le sein de Dieu des larmes avec des prières. »

Quels touchants et chaleureux appels montèrent suppliants de ces cœurs français, vers Celui qui a fait les nations guérissables, et qui abaisse ou relève. quand il lui plaît, les peuples et les trônes !

C'est d'une voix entrecoupée par des sanglots que nos amis

chantèrent l'invocation nationale : *Domine salvum fac Regem !*

A la sortie de la chapelle, Madame vint encore une fois remercier les Vendéens de leur ardeur royaliste et de leur dévouement patriotique.

Pouvant à peine retenir ses pleurs, la Reine jeta sur tous nos amis un regard de reconnaissance attendrie et s'éloigna. C'était la première fois, depuis nombre d'années, que Madame assistait à la messe de sept heures et au départ des hôtes de Frohsdorff !

Demeuré seul avec nos amis, le Roi, dominant son émotion, dit avec effusion :

« Messieurs, je veux vous embrasser tous dans la personne de Baudry. »

Alors, prenant dans ses bras le député vendéen, il l'embrassa à plusieurs reprises avec la tendresse d'un père et la dignité d'un Roi !

Il étreignit ensuite chaleureusement les mains de chacun de nos amis, et leur dit de sa voix vibrante :

« Au revoir, mes amis, à bientôt ! »

Le Roi avait disparu que nos excellents amis étaient encore là, pleurant et sanglotant. Il fallut que MM. de Blacas et de Monti vinssent les enlever de ce salon où ils laissaient le meilleur de leur âme et tout leur cœur.

Quand les voitures repassent la grille du château, les Vendéens se retournent vers la demeure royale et jettent le cri enthousiaste : « Vive le Roi ! Vive la Reine ! »

Quelques heures après, ils étaient à Vienne et prenaient l'express pour Paris.

Le Banquet Royaliste de Segré.

Le dimanche 1er octobre, a eu lieu, à Segré, en l'honneur de l'anniversaire de la naissance de M. le comte de Chambord, le banquet royaliste de Maine-et-Loire.

De tous les points du département, on était accouru pour donner à la cause légitimiste ce témoignage d'adhésion et de fidélité.

Dès le matin, à Angers, la gare Saint-Serge et le quai des Lüisettes étaient assiégés par une foule nombreuse et empressée de royalistes.

Nous ne savons pas ce qui s'est passé à la gare Saint-Serge.

Sur le quai des Luisettes, où le bateau à vapeur, frété par le Comité royaliste, devait prendre une partie des invités, nos autorités administratives, qui ne perdent aucune occasion de se couvrir de ridicule, avaient fait un déploiement de police absurde.

Nous n'avons pas compté moins de quatre sergents de ville en uniforme.

On nous a de plus affirmé que le commissaire central de police et son secrétaire stationnaient sur le quai en habits de ville.

Le tout pour voir défiler une centaine de personnes parfaitement paisibles et notoirement connues pour leurs opinions royalistes, qu'en toutes circonstances elles affirment et manifestent.

Ce luxe de précautions prouve tout simplement une chose : la peur bleue qu'inspire au gouvernement républicain ce mouvement royaliste dont ses journaux affectent de railler le rapide et continu progrès.

Au départ du bateau à vapeur, une brume épaisse couvrait la rivière, et menaçait de se résoudre en pluie.

A peine sommes-nous entrés dans la Mayenne que ce brouillard se dissipe comme par enchantement.

Le soleil, absent depuis près de huit jours, rayonne et resplendit dans une atmosphère sans nuage.

Effectué sous ce ciel d'azur, à travers les verdoyants et pittoresques paysages de la Mayenne et de l'Oudon, avec d'aimables et gais compagnons, unis de cœur et de sentiments, amis avant de se connaître, ou liés déjà de vieille date, le voyage est charmant.

Il est tout près de midi lorsqu'il s'achève.

Aussitôt débarqués, nous prenons le chemin du château de la Loge.

C'est dans son parc, encadré de sites admirables, que la tente du banquet est dressée.

Elle s'élève au milieu d'une pelouse parsemée d'arbres et de massifs de fleurs, et si vaste, que cette tente immense, qui va tout à l'heure contenir quinze cents personnes, s'y trouve comme perdue.

A notre arrivée, une foule considérable assiégeait déjà la grille du château.

Elle pénètre paisiblement dans le parc, sous le regard protecteur de deux gendarmes.

Puis elle prend place aux tables dressées pour le banquet.

La tente avait été décorée avec beaucoup d'art et de goût de guirlandes, de chiffres et d'emblèmes en feuillage entremêlés de fleurs.

Cette décoration, ainsi que toute l'organisation du banquet, fort difficile en elle-même, et rendue plus pénible encore, nous assure-t-on, par le mauvais vouloir de certaines administrations, fait le plus grand honneur au Comité royaliste de Maine-et-Loire, et aux personnes qui s'étaient mises à sa disposition, et parmi lesquelles nous avons entendu citer particulièrement MM. de la Salmonière, de la Borde, le comte Geoffroy d'Andigné, baron Godefroy de Villebois, de Moissac, Launay.

Au-dessus de la table d'honneur, réservée aux membres du Comité royaliste et à leurs invités, on avait placé le buste de M. le comte de Chambord, entre la bannière des zouaves de Charette et un drapeau blanc troué de balles, qui a fait les campagnes de 1815 et de 1832.

En évaluant à quinze cents le nombre des personnes présentes au banquet, nous restons certainement au-dessous de la vérité.

L'assistance était, en majeure partie, composée d'ouvriers des villes et d'habitants des campagnes.

La noblesse et la bourgeoisie s'y trouvaient aussi dignement représentées.

De chaleureuses allocutions, d'éloquents discours ont été prononcés.

On nous excusera d'en dire peu de chose aujourd'hui.

Nous comptons les reproduire demain, et nous ne voulons pas les déflorer par une incomplète analyse.

M. le vicomte de Maquillé, président du Comité royaliste, présidait le banquet.

Il a pris le premier la parole pour annoncer aux invités qu'il venait de rendre visite au Roi, et pour dissiper les fausses nouvelles que ses ennemis répandent avec tant de persistance sur sa santé et sur ses intentions. Il a donné le signal des cris de : Vive le Roi ! au milieu d'un tonnerre d'applaudissements.

Mgr de Kernaëret et M. de la Salmonière, deux vaillants lut-

teurs aussi dévoués à la cause du Roi qu'à celle de l'Église, ont
ensuite, dans de brèves mais vibrantes allocutions, affirmé les
espérances des légitimistes et stigmatisé les fautes des républicains, dont la mauvaise foi n'a d'égale que l'incapacité et dont
la chute désormais est certaine.

M. le comte A. d'Andigné, dans un discours plein d'âme et de
chaleur, a rappelé les souvenirs que le pays de Segré fait re-
naître en foule dans les cœurs royalistes, et il l'a fait dans un
langage, avec un accent dignes du beau nom qu'il porte.

Ensuite un ouvrier s'est levé.

C'était M. Rohard, ouvrier des carrières de Trélazé.

Royaliste convaincu, il est venu proclamer avec un courage
au-dessus de tout éloge, et dans un langage à la fois simple et
digne, les raisons de sa foi politique.

Il a dit que le Roi, le premier de tous, s'était occupé des questions ouvrières, et que, seul, il était capable d'apporter à notre
société, divisée par la haine, la solution de la question sociale,
solution toujours promise, mais jamais donnée par les exploiteurs républicains.

Il a ajouté qu'on calomniait les ouvriers en disant qu'ils étaient
acquis à la cause républicaine. Ils sont, en grande majorité, restés chrétiens au fond du cœur ; ils ont l'âme honnête, et beaucoup, parmi ceux qui s'étaient laissé séduire par les mensonges
et les promesses des républicains, s'éloignent de ceux qui les
avaient trompés, et reviennent à la vérité.

Sa mâle attitude, son énergique parole ont été couvertes d'applaudissements.

M. de la Salmonière est venu annoncer ensuite que M. le
général de Charette, appelé à Biarritz par la mort de Mme la
duchesse de Parme, avait le regret de ne pouvoir assister au
banquet, comme il l'avait promis.

Puis M. de Monvallier, dans un discours plein de faits et de
pensées élevées, exprimées dans le plus noble langage, accueil-
lies par les bravos les plus sympathiques, a porté le toast au
Roi.

M. le comte de Quatrebarbes, en remerciant l'orateur au nom
du comité, en a commenté les paroles avec tant de bonheur et
de conviction qu'il a été, à plusieurs reprises, interrompu par

les acclamations de l'assistance. Il a fait justice aussi des accusations injustes qu'on avait portées contre le comité de Maine-et-Loire.

Puis M. de la Ferronnays est venu apporter aux légitimistes de Maine-et-Loire l'expression des sympathies des légitimistes de la Loire-Inférieure. L'accueil chaleureux fait à sa parole éloquente et convaincue a dû lui prouver combien elle avait été goûtée et appréciée.

Entre les discours, on a chanté des chants royalistes, et lorsqu'à la fin du banquet les chanteurs sont venus, devant la table du Comité, saluer le drapeau blanc qui l'ombrageait de ses plis, M. le comte de Quatrebarbes, prenant ce glorieux souvenir des guerres de la chouannerie, l'a déployé devant eux et les a remerciés dans une vive et énergique improvisation qui a clos dignement le banquet.

A trois heures, on est sorti de la salle, et le départ s'est effectué avec autant d'ordre et de calme que l'arrivée. Beaucoup d'invités sont restés encore plusieurs heures à Segré, soit pour attendre le départ des trains, soit pour visiter la ville. Ils en ont rempli les rues sans les encombrer.

Cette belle fête laissera de profonds, d'ineffaçables souvenirs dans les âmes des invités. Elle a rempli leurs cœurs d'une flamme généreuse qu'ils vont certainement porter et répandre dans tout le département, et qui va donner un nouvel essor à la propagande royaliste.

Ce que la plume est impuissante à rendre, en effet, ce qu'il faut avoir vu pour le comprendre, c'est la cordialité profonde qui régnait dans cette nombreuse assistance, et qui avait sa source en l'intime union des cœurs dans une foi commune.

C'est aussi l'enthousiasme et l'élan qui faisaient vibrer toutes les âmes à l'unisson.

Quand une cause compte d'aussi nombreux et d'aussi fervents défenseurs, et que, de plus, elle a pour elle le droit et la justice, on peut dire qu'elle est une cause gagnée, et que sa victoire est certaine et prochaine.

Ernest FALIGAN.

Discours de M. le vicomte de Maquillé

Messieurs et chers amis,

J'arrive de Frohsdorff. J'ai vu le Roi.

Il y a quelques semaines, des bruits malveillants avaient été répandus relativement à sa santé qui était, disait-on, gravement altérée. Rien n'était moins vrai. Je l'ai trouvé, comme par le passé, plein de force, de courage et d'espérance. Longuement nous avons parlé de la France qu'il connaît parfaitement, et, en particulier, de l'Anjou. J'ai dû lui rendre compte de nos efforts pour amener tous les honnêtes gens sur le terrain solide de nos vieilles traditions; mais déjà il savait tout; sa mémoire tient du prodige; il connaît pour ainsi dire toutes nos communes : celles où il est encore méconnu, celles où son souvenir est toujours vivant. Il sait où sont ses plus fidèles : celle, par exemple, qui a pieusement conservé et qui nous envoie aujourd'hui le drapeau qui a guidé nos pères à l'honneur. Portez-leur à tous, me disait-il, mes félicitations et mes encouragements. La France ne saurait périr, Dieu aura son heure pour laquelle je suis toujours prêt.

En attendant, persévérez dans vos luttes et dans vos efforts; multipliez les conférences, les banquets; ces réunions sincèrement fraternelles sont excellentes et fécondes; un même sentiment religieux et patriotique élève tous les cœurs et place sur le même rang tous ceux qui en sont animés.

Je suis assuré d'entrer dans la pensée du Roi en adressant, en particulier, de vives félicitations aux ouvriers de Trélazé qui ont voulu se joindre à nous. Leurs braves cœurs ont accueilli spontanément l'idée généreuse et salutaire qui nous rassemble aujourd'hui, à l'occasion de l'anniversaire que nous fêtons; qu'ils soient les bienvenus !

On a dit souvent : en temps de révolution le plus difficile n'est pas de faire son devoir, mais bien de le connaître. Les royalistes n'ont jamais eu de ces hésitations. Nous les avons vus répondre à l'appel du Vicaire de Jésus-Christ, prodiguer leur sang pour sa cause et, plus tard, sous la conduite du même chef, Charette, marcher avec le même courage contre de puissants envahisseurs. C'est que les soldats de la Royauté chrétienne ont le glorieux privilège de pouvoir, *sans changer de bannière*, combattre pour la défense de l'Église ou pour le salut de la patrie française.

VIVE LE ROI !

Discours de Mgr de Kernaëret.

Messieurs et chers amis,

L'année dernière, à pareille époque, nous sortions à peine d'une période difficile, la période des élections, pendant laquelle l'arrondissement de Segré a donné un grand exemple.

Il a su faire justice de M. Janvier de la Motte et affirmer une fois de plus la permanence de ses convictions religieuses et politiques, en envoyant à la Chambre notre ami le comte Léonce de Terves. Si nous avons le regret de ne pas le voir au milieu de nous, nous savons du moins que ce regret est partagé par lui-même, et nous lui envoyons d'ici un nouveau témoignage de confiance et de sympathie.

Aujourd'hui, Messieurs, l'heure des solutions définitives est bien près de sonner, la République est à moitié forcée, et nous sonnerons bientôt l'hallali !

Ses partisans ne se font aucune illusion à cet égard ; chaque jour ils laissent échapper des aveux aussi tristes à leur point de vue qu'ils sont consolants pour nous. Ceux d'entre eux qui ont le plus de clairvoyance et qui se croient moins compromis que les autres s'arrangent déjà en vue d'un changement de régime. On prétend que lorsqu'une maison menace ruine, les rats s'empressent de la quitter : c'est ce que commencent à faire les républicains, et en cela ils ont raison.

Jamais, il faut bien le dire, aucun régime n'a foulé aux pieds aussi insolemment toutes nos traditions nationales; jamais aucun régime n'a fait monter une telle rougeur au front de tous les Français. La République s'écroule sous le mépris public ; et ce n'est pas assurément le cabinet Duclerc qui lui donnera le prestige dont elle manque et la dignité qu'elle n'a jamais eue.

Nous sommes donc à un moment très grave. Il s'agit de ne

pas compromettre le succès prochain, et de ne commettre aucune faute, toute faute devant avoir pour résultat de nous éloigner du port.

Nos gouvernants commencent à comprendre à quel point les ineptes violences de la République l'ont compromise aux yeux du pays. En ce moment, ils paraissent vouloir les couvrir des apparences d'une modération relative. Du haut en bas de la hiérarchie officielle, un mot d'ordre semble avoir été donné en vue d'une conciliation impossible. C'est ainsi par exemple que nos maîtres ont daigné exempter les pères de famille de la fameuse déclaration scolaire. C'est ainsi que probablement, dans les pays où la foi chrétienne a les racines les plus profondes, comme dans notre fidèle Anjou, la loi scélérate sera appliquée avec des ménagements hypocrites destinés à faire prendre le change sur les véritables intentions de ses auteurs. Il y a là, Messieurs, un piège dans lequel nous nous garderons bien de tomber. Quelles que soient les reculades de la République ou les paroles mielleuses de ses agents, nous n'oublierons pas que ce régime est en France essentiellement mauvais.

Contraire aux droits les plus certains, il n'a jamais été, il ne sera jamais que le régime de la guillotine et des assignats, des barricades et des ateliers nationaux, des crochetages et des écoles sans Dieu. Qu'on cherche à nous montrer je ne sais quelle République imaginaire, toute de paix et de conciliation, nous dirons avec Lafontaine :

> Ce bloc enfariné ne me dit rien qui vaille,

et nous continuerons, comme le Roi nous y convie, nos manifestations et notre action de chaque jour.

Il est encore un péril que nous saurons éviter. Ce n'est un mystère pour personne, que certains hommes songent sérieusement à remplacer la République par une fausse Monarchie. Eh bien, nous ne voulons pas de fausse monarchie, parce que les fausses monarchies conduisent inévitablement aux vraies républiques, l'histoire d'un siècle est là pour le démontrer. Nous n'entendons rien, nous ne voulons rien entendre à certaines habiletés qui ne sont au fond que d'insignes maladresses, à certaines passions mesquines qui ne sont plus de notre temps Nous voulons le Roi, et nous le voulons de suite. Il y a longtemps qu'on nous le fait attendre. Deux générations d'hommes se sont usées dans cette attente : nous saluons avec respect les survivants des vieilles luttes, les héros de la fidélité ; mais avec eux et à leur suite, nous voulons entrer enfin dans la Terre promise, nous voulons voir sans tarder le triomphe de la Religion, du Droit, de la vraie France, nous voulons que de la Manche à la Méditerranée retentisse bientôt le vieux cri national :

Vive le Roi !

Discours de M. de la Salmonière.

Messieurs et chers amis,

Au nom du Comité d'organisation de ce banquet, je vous remercie d'avoir répondu en si grand nombre à notre appel, et je bois avec vous à l'effondrement prochain de la République et au retour du Roi.

Je ne crains pas de l'affirmer, dans un délai p'us ou moins rapproché, la crise suprême est inévitable, la République se meurt ; semblable à une marâtre, elle expire au milieu des malédictions et des convoitises de ses enfants qui se disputent les derniers lambeaux de son héritage.

Sachons dès maintenant qui nous voulons mettre à sa place. Comme tant d'autres fois, ne nous laissons pas prendre au dépourvu.

Messieurs, entre le droit et l'usurpation, il ne doit pas, il ne peut pas y avoir de moyen terme.

Avec le Roi, c'est le relèvement de la patrie, l'indépendance de la magistrature, l'administration intérieure dégagée des entraves d'une centralisation excessive, la propriété foncière rendue à la vie et à l'indépendance par le dégrèvement des charges qui pèsent sur elle, le rétablissement de l'ordre dans les finances, la protection efficace de l'agriculture, du commerce et de l'industrie, la liberté d'association pour l'ouvrier des villes, la prospérité pour l'habitant des campagnes, c'est la liberté de faire élever vos enfants dans la religion de leurs pères.

Avec la révolution, qu'elle prenne la forme démocratique, césarienne ou princière, c'est la France sans alliés, livrée à la merci des puissances européennes et condamnée fatalement à l'invasion étrangère ou à la guerre civile, la dilapidation de la fortune publique, l'oppression des consciences, la décadence irrémédiable.

N'hésitons pas, Messieurs, d'affirmer en toute circonstance notre foi politique, et hâtons par notre incessante activité le retour d'Henri V.

Du fond de l'exil, il nous criait, il y a quelques jours, en s'adressant aux paysans vendéens, chargés de lui porter l'adresse signée au banquet royaliste de Challans.

« Courage et persévérance, mes amis, nos épreuves patrio-
« tiques touchent à leur terme. — Croyez-moi et redites-le bien
« haut, — les événements marchent vite, nous approchons de
« l'heure du salut, chaque instant accroît ma confiance dans le
« succès de la mission providentielle qui m'incombe, et je suis
« prêt, entendez-le bien, à remplir, quoi qu'il arrive, dans toute
« leur étendue, les devoirs sacrés que m'imposent ma naissance
« et les malheurs de ma patrie. »

Tous croyons à sa parole d'honnête homme et dans tout l'élan de notre patriotisme crions : Vive la France !

Vive le Roi !

Discours de M. le comte A. d'Andigné.

Mes chers amis,

Après le noble langage que nous venons d'entendre et que tous nous avons été heureux d'applaudir, vous me permettrez aussi à moi de venir vous dire combien je suis heureux de me retrouver au milieu de vous dont les noms me sont chers à tant de titres, et dans cette belle réunion où votre affluence témoigne de votre souvenir pour le rôle glorieux que nos pères ont si dignement rempli ainsi que de votre sympathie constante pour les libertés qui leur étaient si chères.

C'est en opprimant la liberté des consciences, en fermant les églises, en proscrivant ses ministres les plus respectés ; c'est aussi par le plus lâche des forfaits, par le meurtre du plus ver-

tueux de nos Rois, condamné d'avance sans doute par les prédé-
cesseurs de nos sectaires, mais qu'ils n'osèrent frapper pourtant
sans le plus dérisoire des jugements, que la révolution leur mit
les armes à la main, non sans s'être marquée elle-même d'un stig-
mate ineffaçable.

De là cette grande guerre qui jeta un si vif relief sur nos contrées
de l'Ouest, que le plus grand capitaine des temps modernes appela
« guerre des géants, » que nos ennemis dénigrent, ne pouvant la
discuter, et qui même pour l'étranger est l'objet d'un étonnement
aussi grand que sympathique.

Qui ne serait frappé de l'analogie qui existe entre cette époque
et la nôtre !

C'est que la Révolution doit détruire toute pensée religieuse
pour en arriver logiquement au partage des biens de ce monde,
cet appât irréalisable que pourtant elle agite sans cesse aux
yeux des déshérités de la fortune, et que seuls espèrent ceux que
le vice abrutit ou que la justice a frappés, ce sont ses électeurs
les plus constants !

L'expérience à laquelle nous assistons depuis tant de temps,
hélas, ouvrira-t-elle les yeux des aveugles, trop nombreux
hélas !

La ruine de notre agriculture, celle de notre industrie, de notre
commerce intérieur et extérieur ; l'accroissement constant des
impôts concurremment avec celui des emprunts ; toutes ces
charges qui écrasent notre avenir commun, notre présent et nous
font une situation financière des plus graves, tout cela voté
malgré les protestations des plus intéressés, de ce public qui
paye, par une majorité qui généralement ne paye pas.

Et cette odieuse loi des écoles qui au nom de la liberté et de
la diffusion des lumières doit nous mener à la prison, parce que
nous nous refuserons à laisser enseigner à nos enfants et les mensonges historiques de M. Paul Bert et les blasphèmes officiels, et
la morale indépendante, naturelle et trop naturelle ;

Et l'influence séculaire de notre vieille France, qui, en Orient,
datait des croisades et que notre reculade dans la question d'Egypte
réduit à néant.

Tous ces symptômes d'une suprême décadence ne feront-ils
pas la lumière sur l'aventure républicaine ? Ah ! ce n'est pas nous

qui désespérerons jama's de la régénération de notre cher pays. Son rôle pondérateur n'est-il pas nécessaire à l'Europe entière qui, sans lui, tremble sur ses bases. Qui ne comprend que la France, reprenant sa grande mission dans le monde, peut seule résoudre cette question sociale qui égare tant d'esprits ; que ce n'est pas en niant Dieu que nos tristes gouvernants et leur chère République agonisante peuvent accomplir une pareille tâche; que ce n'est qu'en reprenant l'antique tradition de la patrie : *Gesta Dei per Francos*, c'est-à-dire que c'est par l'accord des idées religieuses et de cette vieille monarchie qui avait fait de notre pays la plus grande nation du monde que nous pouvons arriver à ce grand résultat.

C'est avec la conviction que tous vous partagez ces sentiments, que je viens vous proposer de nous unir encore sur cette vieille devise de nos pères : *Pour Dieu et le Roi !*

Toast de M. Rohard

Messieurs,

Au nom des ouvriers ici présents, je bois à la santé du Roi !

Au Roi, Messieurs, qui dès sa jeunesse et avant bien d'autres s'est préoccupé du sort des ouvriers.

Au Roi que nous aimons et qui nous aime !

Oui, Messieurs, nous aimons le Roi, parce que nous savons que lui seul peut rendre à la France ouvrière la paix et la prospérité, que lui ont ravies les exploiteurs républicains qui ont menti à leurs belles promesses, et ne sont parvenus qu'à jeter les ouvriers dans la haine et la misère.

Henri V nous aime parce qu'il est le Roi et que toujours les Rois de France ont été les protecteurs des ouvriers.

On dit, Messieurs, que les ouvriers sont républicains et libres-penseurs, c'est une erreur ; les ouvriers peuvent se laisser égarer pour un temps par les charlatans de la République, mais soyez sûrs que le cœur est resté bon et loyal.

Voilà pourquoi, en leur faisant connaître le Roi nous en ferons des royalistes dévoués ; je sais, Messieurs, qu'un certain nombre d'entre vous se dévouent à cette œuvre nécessaire de la propagande royaliste : almanachs, journaux, chansons, brochures ont pénétré chez l'ouvrier, dans les usines, et jusque sur nos carrières. Eh bien, Messieurs, je puis vous assurer que votre temps n'a pas été perdu, je connais parmi mes camarades, d'honnêtes ouvriers déjà revenus de leurs préjugés, éclairés par nos malheurs et qui, bientôt, seront suivis en plus grand nombre par nos travailleurs des villes et des campagnes.

Bientôt, Messieurs, le Roi rentrera en France, tenant entre ses mains le drapeau blanc fleurdelisé, ce drapeau royal qui protégea, nous le savons, les corporations ouvrières et vous verrez, ce jour là, je vous en réponds, plus d'ouvriers que vous ne pensez, redire le vieux cri d'autrefois :

Vive le Roi !

Discours de M. de Monvallier

Voici, résumé trop succinctement, le beau discours de M. de Monvallier, dont la voix a été souvent couverte par les applaucissements de la salle soulignant les traits éloquents qui répondaient soit aux douloureuses préoccupations des royalistes, soit à leurs invincibles espérances :

M. de Monvallier se demande, devant le spectacle des fautes et des crimes de la République, si nos âmes doivent se laisser aller au découragement. Non, plus que jamais, il faut avoir foi dans l'avenir de la France. La raison de cette confiance, c'est que la dernière étape de la décadence annonce le premier jour de relèvement. Or, nous approchons de ce jour où le dernier mot de l'abaissement et de la honte ayant été dit, nous, royalistes, nous donnerons à la France la première parole du salut dans ce vivat dix fois séculaire qui est aujourd'hui un cri de ralliement et qui demain sera un cri de triomphe : Vive le Roi !

Car, si le glorieux passé de notre histoire proclame la monarchie bienfaisante, le présent la démontre encore plus nécessaire. La Royauté traditionnelle est le premier élément de la vie et du bonheur du peuple français, l'orateur en trouve la preuve dans les événements actuels ; telle est la pensée qu'il se propose de développer.

Il constate d'abord que la disparition de la royauté a laissé un vide que rien n'a pu combler, et que, d'essai loyal en essai loyal,

les gouvernements d'expédients nous conduisent fatalement à la ruine. Aujourd'hui, après tant d'années de révolutions et de désastres nous avons à demander un compte terrible à nos adversaires, « nous avons le droit, s'écrie l'orateur, de leur dire: Qu'a-
« vez-vous fait de la liberté ? Qu'avez-vous fait de la justice ?
« Qu'avez-vous fait de l'indépendance du citoyen, de l'inviola-
« bilité du foyer, du respect de Dieu, de l'or, du sang, de l'hon-
« neur de la patrie ?... ou plutôt qu'avez-vous fait de la France ? »
Question formidable à laquelle la postérité vengeresse saura bien répondre et qui se dresse dès aujourd'hui devant nos maîtres d'un jour non seulemeut pour les maudire, mais pour les condamner.

En effet, quel est le bilan de la politique républicaine ? — Abaissement devant l'étranger, augmentation croissante des charges publiques, dilapidation de nos finances, encouragement donné à toutes les bassesses et à toutes les délations, déchaînement de toutes les passions anti-sociales, destruction systématique de toutes nos libertés.

L'orateur ne parlera pas de notre Politique internationale, non, les cœurs français voudraient pouvoir oublier l'état d'impuissance et d'humiliation de la République devant l'Europe.

M. de Monvallier préfère rappeler ces belles années de la Restauration qui, malgré la jalousie des puissances rivales, dotaient la France de la plus belle colonie du monde, l'Algérie, et lui donnaient cette mer Méditerranée qui hier encore était un lac français.

Dans l'ordre économique et financier, on cherche en vain les conquêtes ou les réformes du gouvernement. L'agriculture a reçu, pour sa part, force compliments de condoléance ; quant à l'industrie, les grèves, chaque jour plus nombreuses et plus menaçantes, disent comment la République a tenu ses promesses. Incapable de mettre le budget en équilibre, le gouvernement ne l'est pas moins de diminuer le chiffre exorbitant de l'impôt.

Avons-nous au moins la liberté ? Non, la République n'est autre chose que le règne de la force brutale. « Ah ! s'écrie l'ora-
« teur, je vois bien sur nos places publiques une répugnante
« idole au bonnet rouge; mais qu'est devenue l'antique et noble
« statue de la liberté ? Elle a été précipitée de son piédestal

« par la hache et le marteau des crocheteurs. Il serait trop long
« d'énumérer toutes les hontes et basses œuvres de la tyran-
« nie républicaine. Moi, en vérité, à voir les décrets, les lois qui,
« chaque jour, profanent nos chapelles, ferment nos couvents,
« laïcisent nos écoles et nos hôpitaux, anéantissent nos colléges,
« minent nos universités, nous avons le droit de dire que ce
« gouvernement au lieu d'être le régulateur de la vie nationale,
« s'est institué le bourreau de la conscience et de la liberté. »

« Pourtant un attentat plus criminel et plus monstrueux res-
« tait à commettre. Longtemps nous avions pensé que la Répu-
« blique hésiterait à porter sa main sacrilège sur le plus inviolable
« des sanctuaires, la famille, sur la plus divine des libertés, la
« liberté du père, sur la plus délicate et la plus pure des âmes,
« l'âme de l'enfant !...

« Ce forfait suprême, la République n'a pas hésité devant lui,
« et elle a dit au père, à la mère, à nous tous catholiques fran-
« çais : « Votre enfant ! il est à moi, et au nom de la loi, je m'en
« empare et je l'emprisonne dans mon école publique d'athéisme
« obligatoire.

« Oui, il s'est rencontré des hommes, des législateurs pour fa-
« briquer cette loi abominable qui découronne et qui déshonore
« la paternité, qui arrache l'enfant au foyer domestique, et vou-
« drait déshériter nos fils de nos croyances et de nos espérances
« immortelles !

En face de ce grand crime, l'orateur rappelle les guerres hé-
roïques de l'Anjou et de la Vendée et le souvenir de Cathelineau,
Stofflet, Jean Chouan, d'Andigné, Bourmont, Lescure, Bonchamp,
Charette, Larochejaquelein, de tous ces héros illustres ou obscurs
dont le sang coule toujours dans les veines de ses auditeurs. Ces
grands hommes sont morts, pour qui ?... pour leur roi, sans
doute, mais avant tout, l'histoire en témoigne, pour leur foi,
pour conserver à leurs fils avec les vertus héréditaires le Dieu de
leur baptême et de leur première communion. Eh bien, en face du
même péril l'heure est venue de convier les fils des géants à la
même croisade, non pas le fer à la main, mais avec toute l'intré-
pidité d'âmes résolues et de cœurs invincibles.

L'orateur croit en avoir dit assez pour montrer ce qu'est devenue la France dans le grand naufrage de la Royauté. Aujourd'hui,

au milieu de cet indescriptible chaos qu'on nomme le gouvernement républicain, il ne nous reste qu'un moyen de salut, le principe qui a fait la grandeur de la France dans le passé, qui la
rendra à la vie, à la gloire dans l'avenir, le principe monarchique,
ou pour mieux dire le principe de la légitimité.

L'orateur, en quelques mots émouvants et rapides, ressuscite
cette sublime image de la légitimité. Nous ne pouvons guère ré-
sumer cette éloquente péroraison toute vibrante de nos grandeurs
passées. C'est la légitimité qui a créé la France, et qui, dans cette
période dix fois séculaire de son histoire, n'a pas cessé d'être un
seul jour le centre, le foyer, ou plutôt l'âme de la nation. A cette
grande nation, aujourd'hui tombée, il faut une âme, toujours
présente, toujours vivante, une âme immortelle, il faut la
Royauté.

Discours de M. le comte de Quatrebarbes

Nous voudrions pouvoir reproduire la brillante et solide improvisation de M. le comte de Quatrebarbes. Malheureusement
nous ne pouvons que noter de souvenir quelques-unes des vé-
rités qu'il a si éloquemment exprimées aux applaudissents de
tous nos amis. M. de Quatrebarbes a d'abord remercié l'orateur, M. de Monvallier, qui était venu de loin nous apporter le
concours de son beau talent. M. de Quatrebarbes a remercié ensuite Messieurs les organisateurs de cette belle fête.

Puis, entrant dans le fond des questions actuelles, il s'est
écrié : On a dit, dans un orgueil railleur, vous êtes une pincée ;
les échos de vos quinze cents voix répétant avec enthousiasme,
le cri de vive le Roi ! répondent énergiquement : Bientôt nous
serons le nombre. On a dit aussi : vous êtes la petite Église, une
église fermée. Le Comité royaliste en suivant en religion le
Pape, en politique le Roi, est de la seule véritable Église en ré-
ligion et en politique. A l'exemple du Roi, le Comité royaliste
et les royalistes d'Anjou ont les bras ouverts et la main tendue
à toutes les âmes honnêtes, à tous les cœurs français qui voudraient se réunir sur le terrain de la monarchie traditionnelle
autour du Roi et de son programme, seul salut de la France.
Nous ne demandons à personne ce qu'il a été, mais ce qu'il veut

sincèrement être pour le salut de notre pauvre patrie qui se meurt sans le Roi.

Nous n'avons d'exclusion que pour les hypocrites qui, sous le masque d'un royalisme qui n'existe pas, passent leur vie à critiquer le Roi, ses paroles, ses pensées, pour essayer de sauver encore leurs ambitions déçues et leurs personnalités. Il faut être avec ou contre le Roi ; le peuple, quelque égaré qu'il soit, ne comprend que la franchise et la loyauté. Nous touchons au moment où il reconnaîtra son sauveur et son père, qui dans son intérêt n'a jamais voulu être le roi légitime de la Révolution, mais qui veut être et sera le Roi de tous. Que chacun de nous donc, en sortant de ce magnifique banquet, soit un apôtre, et la France avec son roi sera bientôt sauvée. Je bois à la propagande active des royalistes pour réunir tous les cœurs honnêtes de France sur le terrain de la monarchie traditionnelle dont Henri V est le seul représentant. Vive le Roi !

Discours de M. de la Ferronnays.

Messieurs,

J'étais venu au milieu de vous aujourd'hui en simple spectateur, heureux d'apporter par ma présence à la noble terre d'Anjou le sympathique hommage de la vieille terre de Bretagne. (Applaudissements prolongés.) Mais on me demande de porter un dernier toast et j'obéis. Tout royaliste, en effet, est un soldat, soldat du droit contre la révolution, et lorsqu'un soldat hésite à obéir, il cesse de mériter ce glorieux nom pour n'être plus qu'un Labordère ! (C'est vrai ! Très bien ! très bien !)

J'obéis d'autant plus volontiers que c'est d'un général que j'ai à vous parler : ce général, c'est M. le comte de Maquillé, vous l'avez tous deviné. (Acclamations. — Vive M. de Maquillé !)

Si l'armée des royalistes d'Anjou grossit chaque jour, si nous en voyons dans cette enceinte de nombreux représentants, venus des extrémités les plus reculées du département, ce magnifique résultat, nous le devons à l'énergie, à la persévérance, à l'indomptable dévouement de celui que le Roi a choisi pour planter dans ce pays le drapeau blanc sur les ruines que la République entasse en s'effondrant. (Très bien ! très bien !)

Aux heures de défaillance, lorsque les conseils de la prudence humaine n'inspiraient que le désespoir, M. de Maquillé s'est souvenu de notre belle devise : « *Fides, Spes.* » Il a eu foi aux glorieuses destinées que l'avenir réserve à la France entre les mains du Roi, et il a espéré, sans faiblir, qu'il viendrait une heure, celle qui appartient à Dieu, où la parole de la France proclamerait, comme son salut suprême, le triomphe du principe trop longtemps méconnu, presque victorieux aujourd'hui, que nous avons l'honneur de défendre avec lui. (Sensation. — Nombreux cris de : Vive le Roi ! vive M. de Maquillé !)

Voilà ce qu'a fait M. de Maquillé. Mais il a été plus loin encore. Aux deux termes de la devise royaliste :

« la Foi et l'Espérance, » il en a ajouté un troisième : « la Charité ! » (Très bien ! très bien !)

Si, dans cette enceinte, nous voyons réunis côte à côte, dans la communauté des mêmes croyances et des mêmes espérances, les ouvriers de la première heure et ceux de la dixième, les soldats des grandes guerres et les ardoisiers de Trélazé, hier encore nos adversaires, nous en devons remercier M. de Maquillé ; il a largement ouvert, en effet, les rangs des royalistes qu'il dirige, pour tous les hommes de bonne foi, au nom du Roi qui a dit : « JE NE SUIS PAS LE ROI D'UN PARTI ET JE N'AI PAS D'INJURES A VENGER ! » (Vive M. de Maquillé, le représentant du Roi ! Vive le Roi !)

Voici l'adresse au Roi, qui a été signée au banquet de Segré :

Sire,

Les royalistes d'Anjou réunis à Segré dans un banquet pour fêter l'anniversaire de votre naissance, envoient à Votre Majesté l'expression de leurs sentiments de fidélité.

Ils appellent de tous leurs vœux l'heure bénie où Dieu vous permettra de rendre à la France la grandeur et la prépondérance que lui donnèrent vos ancêtres ;

Aux ouvriers des villes, la liberté d'association nécessaire à la défense de leurs intérêts ;

Aux habitants des campagnes, la sécurité indispensable aux besoins de l'agriculture ;

Aux parents chrétiens, la liberté de l'instruction religieuse ;

A tous enfin, les libertés civiles.

Et ils déposent aux pieds de Votre Majesté l'hommage de leur inébranlable et respectueux dévouement.

Gesté

M. de Terves présidait le banquet, dont l'organisateur principal était M. du Fou.

Au début de la séance, M. du Fou a lu l'Adresse au Roi.

Puis l'honorable président a ouvert la séance par quelques paroles bienveillantes et prié le directeur du journal l'*Espérance* d'adresser quelques mots à l'assemblée.

Nous n'avons pas besoin de dire que la plus grande cordialité n'a cessé de régner pendant cette charmante fête; des chœurs de chanteurs s'y sont fait applaudir. On y a acclamé le nom du Roi et l'on ne s'est séparé qu'à neuf heures, après avoir crié une dernière fois Vive le Roi! emportant avec soi le souvenir de cette belle soirée.

Des toasts ont été portés au Roi par M. Georges du Fou, à la France par M. de Terves, aux ouvriers par M. Mollat qui les a complimentés d'avoir donné l'exemple d'un banquet ouvrier et leur a promis que d'autres le suivraient.

Il est pour nous un vif regret de ne pouvoir reproduire le discours plein d'un bon sens si éloquent et d'un patriotisme si vrai qu'a prononcé M. Mollat, directeur de l'*Espérance*. En voici la touchante péroraison :

« Nous sommes tous des royalistes; mais ce n'est pas tout que de se dire royaliste, il faut l'être d'action; il faut prouver qu'on l'est vraiment par ses paroles, par ses conseils et par ses actions, » et entrant dans les détails pratiques, l'orateur enseigne comment on doit faire la propagande autour de soi, dans sa famille, dans son entourage, dans son voisinage, au chantier, à l'atelier; il dit qu'un royaliste ne doit pas être plus royaliste que le Roi, mais aussi royaliste que lui, c'est-à-dire bon, serviable, généreux, auprès de celui-ci, à l'égard de celui-là; qu'il est important qu'on se souvienne des paroles généreuses du Roi consignées dans ses écrits, dans ses lettres, dans ses déclarations : « Je suis, a-t-il dit, le Roi de tous, et non celui d'une caste et d'un parti; je n'ai pas d'injure à pardonner, ni d'ennemi à écarter. Je n'ai d'autre ambition que de refaire la fortune de la France. »

« Notre devoir, le vôtre et le mien, c'est d'augmenter le nombre des partisans de notre grande cause et d'accroître celui des amis du Roi. Telle doit être notre ambition, afin qu'à son retour, le Roi ne trouve plus en France des hommes divisés, mais des Français qui acclament son nom. »

« De fait, ce nom si cher et si glorieux du Roi est acclamé déjà partout. Puissent les échos de la Saint-Michel parvenir jusqu'à ses oreilles pour réjouir son cœur paternel ! Dieu nous le rendra, Charette l'a dit : Il vient. Vive le Roi ! »

A Paris

Un banquet organisé par le comité royaliste du quatorzième arrondissement a eu lieu le 30 septembre au restaurant des *Milles-Colonnes*, rue de la Gaité-Montparnasse. Quatre cents convives au moins se pressaient dans la vaste salle du banquet décorée avec beaucoup de goût de drapeaux blancs et d'écussons royaux prêtés gracieusement par le vaillant député de la Vendée, M. de Baudry-d'Asson.

A la table d'honneur siègent d'abord M. O. de Poli, à qui les royalistes du quatorzième arrondissement ont offert la présidence ; M. Cornély, qui doit prendre la parole ; M. de Ponton d'Amécourt, l'infatigable et dévoué président du Comité royaliste du quatorzième arrondissement ; M. Crosnier, un vénérable vieillard de quatre-vingt-douze ans, ancien officier de la Restauration, chevalier de Saint-Louis ; puis enfin MM. Ch. Bourlet, Cachal-Froc, Collat.

M. de Poli a, le premier, pris la parole. Il a prononcé en termes tour à tour mordants, énergiques, émouvants, l'oraison funèbre de la République « Elle s'est tuée elle-même, la gueuse, a-t-il dit, empruntant au brave Changarnier une de ses expressions favorites, elle s'est aliéné tout le monde. »

Prennent ensuite la parole, MM. Cornély, Roussiot et le docteur Virier.

Enfin, l'assemblée se lève pour entendre la lecture de l'Adresse au Roi. On crie une dernière fois et de tout cœur : « Vive le

Roi » et l'on se prépare emportant de cette assemblée de famille, le meilleur souvenir et les plus viriles résolutions.

Rennes

Six cents convives se sont pressés autour des tables du banquet organisé par le comité de cette ville.

La réunion était présidée par M. le comte V. de Palys, à la place de M. le comte de Pioger, empêché par un deuil de famille.

Les instigateurs de cette manifestation étaient surtout les ouvriers de la contrée, qui figuraient en grand nombre parmi les assistants. Leur enthousiasme a éclaté en applaudissements chaleureux et nourris quand M. Hervé-Bazin, d'Angers, et M. Adrien Maggiolo, notre directeur, leur ont tour à tour parlé du Roi, de la France et de la religion. L'auditoire a acclamé le drapeau de Charette et l'héroïque général qui le tient si ferme dans notre pays.

Tout s'est passé dans un ordre parfait.

Bordeaux

La *Guienne* nous apporte des détails sur le banquet de quatorze cents couverts, où a été lue par M. Gaston de Montesquieu l'adresse au Roi.

La chaleureuse allocution de M. de Carayon La Tour, sénateur, qui présidait, a été saluée par de vifs applaudissements et par les cris de : Vive le Roi ! et : Vive Carayon !

Le discours de M. Aurélien de Sèze a provoqué d'enthousiastes acclamations.

La parole est ensuite donnée à M. Lucien Brun, dout la belle harangue a soulevé l'enthousiasme de l'auditoire.

La soirée s'est terminée à neuf heures et demie ; la foule s'est retirée dans un ordre parfait, emportant de cette belle fête les plus fortifiants souvenirs.

Limoges

Avant-hier a eu lieu, sous la présidence de M. le comte J. de Montbron, un banquet qui a réuni un grand nombre de royalistes fidèles à la Monarchie traditionnelle et désireux d'affirmer leurs convictions inébranlables.

Au dessert, M. le comte de Monthron s'est levé pour porter le toast au Roi, dont le nom a été accueilli par les plus chaudes acclamations.

Le président du banquet a ensuite donné la parole à M. de Margerie, l'éminent doyen de la Faculté catholique de Lille.

Ensuite, M. Baju qui, un des premiers, aux heures douloureuses des expulsions, a prêté aux religieux proscrits le concours de son éloquente parole, a parlé de la liberté telle que l'entend la République.

A l'issue du banquet, tous les convives ont signé l'adresse au Roi.

Arras

Cinq cents personnes se sont réunies à l'hôtel de Galametz où, comme l'année dernière, avait été dressée l'immense tente destinée à abriter les convives.

M. le marquis de Partz, qui présidait, a ouvert la série des toasts en donnant lecture de l'adresse qui va être signée par les royalistes de l'Artois et envoyée à Frohsdorff.

C'est avec un enthousiasme encore plus vif qu'a été salué le toast au Roi, porté par M. le marquis de Partz, dont le magnifique discours, flétrissant en termes énergiques la loi du 28 mars et recommandant à tous la conciliation sur le terrain monarchique, a vivement impressionné toute l'assistance.

M. le comte de Diesbasch, avec l'autorité que lui donne le nom d'un ancêtre tombé glorieusement en défendant la famille royale au 10 août, a bu à la Reine.

La santé du Pape a été portée en excellents termes par M. Hochart, de Saint-Omer.

ŒUVRES POLITIQUES DE M. G. VÉRAN

Rédacteur en Chef de l'ÉTOILE

La Question du XIXe siècle, fort volume
in-8° de 750 pages. Prix, **6** fr. ; *franco*, **7** fr.

SOMMAIRE :

PRINCIPES DE LA SCIENCE POLITIQUE.
HISTOIRE DU DROIT PUBLIC FRANÇAIS.
HISTOIRE DES PARTIS DEPUIS LA RÉVOLUTION.
LES VRAIS PRINCIPES DE 1789.

Place au Droit national de la France,
5e édition, brochure in-8°, **1** fr. ; *franco*, 1 fr. 25.

L'Empire plébiscitaire et la Monarchie nationale. Prix, 1 fr. 50.

La Légitimité devant le Catholicisme.
Prix, **1** fr.

A LA MÊME LIBRAIRIE

Quelques mots sur l'Instruction gratuite, obligatoire et laïque (5 édition)
Prix, **5** centîmes ; *franco*, 10 centimes.
12 Ex. : *franco*, **75** cent. — 25 Ex. : *franco*, **1** fr. **50**

Photographies de Mgr le Comte de Chambord, format carte de visite. Prix, 50 cent.;
franco, **60** cent.

Petit Écrin de poésies royalistes
par un légitimiste. Prix, **50** cent. ; *franco*, 60 cent.

Chant de l'Œuvre du denier des Ecoles catholiques

Paroles de P. TAILLIER. — Musique de J. DEPLANTAY

A 4 voix avec accompagnement. Prix, **2** f. ; *franco* **2** f. **15**
A 2 voix pour les écoles primaires. Prix, **10** cent. ; *franco*
15 cent.

Ce Chant très enlevant a obtenu un immense succès à Lille
et se VEND AU PROFIT DES ÉCOLES LIBRES.

Angers, imp. BURDIN et Cⁱᵉ, 4, rue Garnier.